L'ANTI-BABYLONE,

OU

REPONSE

A L'AUTEUR

DE LA CAPITALE DES GAULES

par goudard.

A LONDRES,

M. DCC LIX.

L'ANTI-BABYLONE,

OU

REPONSE

A L'AUTEUR

DE LA CAPITALE DES GAULES.

LE cœur humain ne change point ; les vices & les vertus ſont par-tout les mêmes. La difference des ſociétés peut bien en apporter une dans la maniere de satisfaire les passions ; mais ces passions ont par-tout la même force & la même étendue.

Les hommes qui vivent à la campagne ne different en rien de ceux qui habitent les Villes.

Un Philosophe trouvera dans un Hameau composé de cent Campagnards autant de luxe, de vanité & d'ambition, que dans une grande Ville, & même à la Cour : il lui suffira pour cela d'éta blir des points de proportion.

Ainſi *la Babylone* eſt dans le Monde, & non dans une Capitale.

Peut-être que ce nom convient moins à Paris qu'à toute autre Ville de l'univers : il eſt certain du moins qu'il y a plus d'ordre dans cette Capitale, que dans les autres ſubdiviſions du reſte de la ſociété des François.

Si l'on raſſembloit aujourd'hui dans un même lieu huit cent mille perſonnes priſes çà

& là dans les differens endroits de la Monarchie, & qu'on les renfermât dans un enclos de l'étendue de Paris, le désordre & la confusion y seroient des plus grands.

La véritable Babylone est dans le génie & l'esprit de certains Ecrivains d'aujourd'hui.

Un tas d'hommes caustiques, inquiets, turbulens, qui haïssent tout le monde, & que personne n'aime, se plaisent à faire de hideuses peintures de la société. Si elle a des endroits foibles, ils les saisissent, & en font sentir tout le mauvais ; ils n'envisagent la Nature que par le revers de la médaille. Ces esprits Babyloniens ne voyent point que les défauts de l'humanité sont à l'égard des vertus ce que l'ombre est au tableau. Je ne dis point que les vices soient utiles, mais je dis que dans le systême politique ils peuvent devenir nécessaires : or la société morale est fondée sur la société politique. Qu'on réforme dans le monde une foule de petits abus sur lesquels les satyriques fondent leur critiques, & on en verra paroître tout d'un coup une foule d'autres, non moins dangéreux, & peut-être même plus nuisibles.

La République de Platon est un systême idéal. Pour établir l'ordre de perfection que ce Philosophe vouloit donner à sa société, il lui eût fallu une autre espece d'hommes. Le cœur humain a ses défauts & ses imperfections naturelles, il eſt fait ainſi ; ce n'eſt point la corruption des ſiècles qui l'a rendu tel, il l'étoit dans ſon origine. Je ne ſçais point ſi le Monde pourroit ſubſiſter long-tems, s'il devenoit tel que quelques moraliſtes ont paru ſouhaiter qu'il fût ; je crois qu'il tomberoit dans un grand déſordre, par la raiſon qu'il y auroit trop d'ordre.

Les modes, les colifichets, les jeux, les ſpectacles entrent dans la décoration de la ſociété.

Si ces vices n'existoient point, d'autres existeroient ; & je ne sçais si nos défauts ne sont pas moins défauts que ceux qui naîtroient à leur place : du moins le gouvernement politique, c'est-à-dire l'ordre qui fait que la société se perpétue, s'est accommodé à ces défauts ; & il n'est pas certain s'il s'accommoderoit aussi bien des nouveaux qui lui succéderoient.

» J'entends dire tous les » jours, dit l'Auteur de *la nou-* » *velle Babylone*, que Paris

» est la premiere Ville du
» Monde pour les agrémens
» & les commodités de la
» vie, un Paradis terrestre
» où l'on trouve générale-
» ment tout ce qu'on peut
» souhaiter. Cela est vrai, a-
» joute-t-il, quand les moyens
» de se procurer ce que l'on
» souhaite ne manquent pas.

Si c'est là ce qui forme une Babylone, il n'est pas nécessaire de citer Paris; toutes les sociétés du Monde sont autant de Babylones.

Il n'y a point de Village

ou de Hameau qui n'ait des amuſemens & des plaiſirs réſervés pour une certaine claſſe de Citoyens.

Lorſque les Marionnettes arrivent dans une petite Ville de Province, il n'y a gueres que les Premiers du lieu qui profitent de ce ſpectacle; tout le reſte en eſt privé. Cela doit être de même, ſans quoi la publicité générale des plaiſirs feroit qu'ils ne feroient plus tels. L'œconomie des divertiſſemens eſt abſolument néceſſaire; l'ordre le demande ainſi.

Paris ſeroit une Babylone, ſi tout le monde y avoit les moyens de ſe procurer tout ce qu'il ſouhaite. La confuſion ſeroit alors des plus grandes ; car il n'y auroit aucune difference entre ceux qui doivent être amuſés, & ceux qui doivent amuſer les autres.

Une Capitale remplie de Citoyens riches au même dégré, & qui auroient tous également les moyens d'avoir ce qu'ils ſouhaiteroient, ſeroit une véritable Tour de Babel;

il n'y auroit alors aucune ſubordination ; on ne s'entendroit plus, la confuſion & le déſordre y regneroient, perſonne n'y auroit ce qu'il ſouhaiteroit, par la raiſon que tout le monde ſeroit en état de l'avoir.

Si les Auteurs critiques vouloient ſe donner la peine de réfléchir un peu ſur certains défauts qu'ils condamnent le plus, ils verroient que ceux-ci entrent dans le plan de la ſociété, & malheur au Monde s'ils venoient à être reformés ! L'induſtrie finiroit dans une Ville où chacun seroit industrieux, la nonchalance & la paresse s'empareroient des Citoyens d'un Etat qui ne seroit composé que de gens adonnés au travail.

C'est l'oisiveté des uns qui forme l'occupation des autres : ôtez ces vices, & vous détruirez une foule de vertus; car la plûpart des bonnes qualités des hommes sont fondées sur leurs défauts.

Le jeu cause bien des maux dans la société : il est la source d'une foule de désordres particuliers. Par le jeu plusieurs familles sont ruinées, & on est témoin tous les jours des malheurs qu'il entraine. Cependant si on prenoit la résolution de l'extirper entierement; & qu'on y réussît, il en résulteroit de grands maux.

Par cette réforme plusieurs Manufactures considérables seroient détruites; une foule de Sujets se trouveroient tout d'un coup réduits à la mendicité : cette premiere misere en susciteroit une seconde, & celle-ci en causeroit une troisiéme, &c: car la pauvreté d'un Citoyen occasionne toujours celle d'un autre Citoyen. Peut-être qu'il ne seroit pas difficile de prouver que ce vice, qu'on croit être la ruine de la société, est un de ses plus fermes soutiens; car l'état politique est appuyé sur toutes les branches de l'industrie.

Le Gouvernement des Anciens, dira-t-on, se soutenoit sans les jeux. Cela est vrai, mais la plupart de ces constitutions avoient pour principe la vertu, au lieu que les nôtres sont fondées sur les Arts.

Le Jeu, ajoute-t-on, a ouvert la porte à la filouterie. Cela est encore vrai, & l'on ne sçauroit disconvenir des suites fâcheuses de ce vice; mais elles sont encore moins dangéreuses que celles qui pourroient naître de sa réforme. Il importe fort peu à l'État politique que quelques écus d'un honnête homme passent dans la poche d'un fripon;

mais il lui importe essentiellement que les Arts se soutiennent dans une certaine vigueur ; que l'Industrie ne dégénere point, & que toutes les classes des Citoyens ayent de quoi vivre.

La réforme d'un vice particulier ne fait qu'un bien très-imparfait à la société. Ce n'est qu'en remontant au principe du désordre général, que la Législation peut remédier véritablement aux abus.

Mais je reviens à Paris, dont l'Auteur *de la Capitale des*

Gaules fait une véritable Tour de Babel. Il dit que ce lieu, qu'il avoue d'ailleurs être un Paradis terreſtre, devient un lieu de ſupplice d'autant plus cruel pour les infortunés, que l'abondance, les plaiſirs, la joie & les fêtes, dont ils ſont les témoins & auſquels ils n'ont aucune part, leur retracent plus vivement l'image affreuſe de leur calamité & de leur miſere.

C'eſt rapporter à une ſociété entiere ce qui n'eſt relatif qu'à quelques Particuliers de cette ſociété. Ce ſupplice prétendu ne regarde qu'un petit nombre de Citoyens qui, ayant paſſé leur vie dans le plaiſir & la débauche, s'y ſont ruinés. Il eſt certain que la privation des amuſemens dont ils voyent les autres jouir cauſe chez eux une ſenſation déſagréable ; mais ce n'eſt qu'une poignée d'infortunés comparée à cette foule d'hommes qui en jouiſſent.

Si l'on fait l'analyſe de la ſociété générale de cette Capitale, on la trouvera composée de cinq classes de Citoyens, sçavoir de riches, d'aisés, d'indigens, de médiocrement pauvres & de tout à fait pauvres : toutes ces differentes classes sont en état de gouter relativement à leur fortune particuliere les amusemens & les plaisirs qui se trouvent à Paris. On sera peut-être tenté de croire que la derniere souffre les mêmes maux que Tantale. Point du tout ; cette classe, affaissée sous le poids de sa misere, sçait à peine qu'il y a des plaisirs & des fêtes dans cette Ville. Plusieurs Citoyens de ce nombre m'ont souvent demandé ce que c'étoit que l'Opéra, si l'on y chantoit, ou si l'on y récitoit comme aux autres Théatres. Or on ne souffre point de ce dont on n'a aucune idée. La classe des Citoyens occupés, (& il n'y a point de Ville dans le Monde où les gens d'affaires le soient plus qu'à Paris,) est par son état à l'abri de tout regret sur les amusemens. Il est vrai que toutes ces classes prises en général en produiſent une ſixieme, d'hommes déſœuvrés qui voudroient être de tous les plaiſirs, & qui s'exhalent en regrets continuels de ce que leur fortune ne le leur permet pas.

Mais bien loin que cela doive former une Babylone, c'eſt au contraire ce qui fait rentrer ces hommes dans l'ordre de leur état.

La Ville de Paris, dit l'Auteur de la Babylone, renferme dans ſon ſein trois états dominans. *Le Corps des Financiers*

ciers, le Corps innombrable des femmes galantes, & celui des intriguans. On pourroit dire vrai, en nommant le premier Corps une société de Babyloniens. Grace à la vigilance de nos Miniſtres, cette claſſe de Citoyens va bientôt rentrer dans l'ordre des autres. A l'égard du ſecond & du troiſiéme Corps, il n'eſt pas exact que les femmes galantes & les intriguans ſoient deux états dominans dans cette Capitale.

C'eſt deshonorer la ſociété générale de Paris, que de vouloir qu'elle tire ſon origine de la proſtitution & de la duplicité de ceux qui lui donnent le ton. Il n'eſt que trop vrai que ees vices ont pénétré par-tout, & ſe ſont fait jour juſques dans les Tribunaux de Juſtice; mais grace au reſte des mœurs du ſiécle, ils ne ſont pas encore confondus avec la vertu, de maniere à ne pas les reconnoître. Les intriguans ſont notés dans Paris : on les connoit, ils ont beau avoir pour eux la faveur, elle ne les garantit point du mépris. Or des états méprisés ne sçauroient jamais être dominans.

Selon le même Auteur, les filles de joye & les fripons forment la bonne compagnie de Paris. C'est insulter de gayeté de cœur toute une société, c'est détruire l'idée que nous avons du vice & de la vertu, c'est donner aux Etrangers une fausse idée de nos mœurs, en un mot c'est deshonorer d'un seul trait de plus me la Capitale d'un Royaume, le plus respectable de l'Europe.

» Autrefois, ajoute-t-il, » un air simple & modeste, » un maintien décent, de » la conduite & des mœurs » étoient une recomman- » dation sûre pour être re- » çû dans le monde. Aujour- » d'hui beaucoup d'effronte- » rie & de pétulance, un air » important, des habits, des » bijoux & de la dépense : a- » joutez à tous ces brillans a- » vantages la réputation d'un

» eſcroc achevé, d'un hom» me abîmé, noyé de dettes, » d'un infâme qui vole, qui » pille de toute main, & qui » a reduit cent familles ſur la » paille; voila l'homme déſi» ré, cheri, ſouhaité.

Lorſqu'il me tombe ſous la main un Ecrivain *à autre-fois*, & qui pour deshonorer les hommes d'aujourd'hui les met en parallele avec ceux du tems jadis, je dis qu'il ne connoit point le cœur humain, & de-là je conclus qu'il feroit mieux de s'adonner à tout autre genre d'écrire. Les hommes ne sont pas plus corrompus à présent qu'ils l'étoient il y a deux mille ans; Horace faisoit les mêmes peintures de son siécle, que nos Auteurs satyriques font du nôtre.

C'est donner une fausse idée d'une société, que de la représenter par ce qu'elle a de plus méprisable. Ce seroit un prodige qu'une Ville composée de huit cent mille habitans, tous gens de bien, & où le vice n'eût fait aucune breche.

Lorſqu'on veut peindre les mœurs d'une Nation, il faut placer dans le même tableau les vertus & les vices; c'eſt par ce parallèle qu'on peut en donner une juſte idée. Mais l'Auteur de la nouvelle Babylone ne cite que des femmes galantes, des petits Maîtres, des fats, des impertinens; ſes Héros ordinaires ſont des joueurs, des fripons & des filoux; il ne ſort pas du tripot. Un Peintre qui voudroit nous donner une idée de la Na-

Nature, ne seroit-il pas blâmable de nous la représenter par les endroits seuls qui pourroient nous la rendre hideuse & épouvantable.

Cette Capitale renferme dans son sein un tas de gens oisifs, hommes adonnés au vice & à la crapule, & qui sont le rebut de la société. Cette classe de Citoyens qui est généralement méprisée par les autres, n'est comptée pour rien; les honnêtes gens la regardent comme nuisible à l'État politique & civil.

Si c'est de ces hommes que l'Auteur de la Capitale des Gaules a voulu parler, il auroit pu s'épargner la peine de faire un livre, car personne n'ignore que ces habitans forment une véritable Babylone.

» Paris, continue-t'il, est » unique pour les ressources; » nous en avons mille exem- » ples sous les yeux. Tel qui » n'auroit point de pain à qua- » tre lieues de Paris, trouve » le louable secret de man- » ger dans cette Ville quaran- » te mille francs tous les ans.

Autres fripons qu'il fait encore paroître ici sur la sçéne.

Ce qu'il y a d'admirable, c'est qu'il fait entrer la Police dans son projet. » Elle est ins-
» truite de tout ce qui se pas-
» se, dit-il, & de tout ce qui
» se dit journellement ; elle
» connoit tous les sujets équi-
» voques, tous les oisifs de
» profession, les pilliers de
» Caffé, les gens sans aveu,
» enfin toute cette vermine
» dévorante qui vit sur le
» commun : la Police, ajoute-

» t-il, ſçait tout cela, & ne
» ſemble pas le ſçavoir.

Après s'en être pris à la Police, il attaque les Tribunaux de Juſtice; mais ce qu'il dit là-deſſus eſt ſi nouveau qu'il n'y a gueres plus de deux mille ans qu'on en parle dans le monde. Il s'excrime en belles phraſes pour dire ce qui ſe répete tous les jours de la vie: que les grands voleurs évitent le gibet; & qu'il n'y a que les petits qui ſoient pendus.

Il ne lui ſuffit pas d'avoir flétri ces deux Corps reſpectables ; il en attaque un autre qui ne l'eſt pas moins. Il fabrique un conte exprès pour prouver qu'un certain Général d'armée n'étoit pas moins fripon qu'un Munitionnaire, dont il ne dit pas le nom, qui venoit de voler le Roi.

Il continue enſuite de fonder ſa Babylone ſur les cartes. Elles ſont à Paris d'un grand ſecours pour quiconque n'a rien & n'eſt propre à rien: Il enfile une longue ſatyre triviale ſur les jeux, & repete là-deſſus ce qui a été dit avant lui par un million d'Auteurs. Il s'étend beaucoup ſur les filoux, & rapporte un exemple de ſéverité du Parlement de Toulouſe contre un Chevalier de Lanſquenet qui fut fouetté, marqué & condamné à ſix ans de Galeres. Il ſeroit à ſouhaiter, ajoute-t'il, que tous les Tribunaux de Juſtice ſe conformaſſent là-deſſus au Parlement de Toulouſe.

J'avoue que ce vice, qui eſt devenu en France fort à la

mode, meriteroit plus de rigueur de la part de la Police; mais si on ne faisoit point de grace aux filoux, il n'en faudroit point faire non plus, (ceci soit dit sans parallele,) aux Auteurs des Brochures qui deshonorent la société.

L'Auteur continue de parler tripot & jeu pour avoir occasion de flétrir l'autre sexe. » Ce qui fait, dit-il, » que les femmes sont si passionnées pour le jeu, c'est » qu'elles ont le privilége d'y » friponner tant qu'il leur

» plaît. Ces termes sont trop généraux. Si dans la société il se trouve quelque malheureuse Aventuriere, cela ne regarde point le sexe en général. Il se trouve beaucoup de femmes qui ont de la probité au jeu. On peut même dire en faveur du sexe, qu'en général il a là-dessus bien plus de bonne foi que l'autre. Ce n'est point sur des exceptions qu'il faut établir des Ouvrages de critique.

Mais Paris n'eût point été une véritable Babylone, ainsi

qu'il veut en donner l'idée, si les hommes de toutes les classes eussent eu quelque reste de candeur, & qu'il se fût encore trouvé chez les femmes le moindre sentiment d'honneur. Pour avoir plutôt fait, il les met toutes sans exception au rang des prostituées.

» Boileau, dit-il, comp-
» toit jusqu'à deux honnêtes
» femmes de son tems. Je
» laisse à penser ajoute-t-il,
» combien il en compteroit
» aujourd'hui. C'est dire en termes formels qu'il n'en res-

te pas une ſeule. Il n'eſt pas poſſible, continue-t-il à la page ſuivante, d'appercevoir aucune difference entre ce qu'on appelle une honnête femme & une femme publique.

Suivant lui, chaque maiſon de Paris eſt un lieu ouvert de proſtitution. Car s'il n'y a aucune difference entre une honnête femme & une courtiſane, la conſéquence ſe place ici d'elle-même.

En bonne police, il faudroit flétrir de tels écrits, & punir séverement leurs Auteurs. Si les Ecrivains qui favorisent l'athéisme sont dans ce cas, ceux-ci ne devroient pas être exceptés ; car je ne sçais point s'il est plus injurieux de dire qu'il n'y a point de Dieu, que d'avancer publiquement que ce qui est fait à son image & ressemblance est entierement corrompu, & ne porte d'autre livrée que celle du crime, de l'horreur & de l'abomination. Pour s'énoncer ainsi dans un écrit public, il faut vouloir de gayeté de cœur invectiver la Nature entiere, & insulter tout le genre humain ; c'est s'en prendre à soi-même, se dégrader, se deshonorer. En un mot, il faut être furieux, fol, phrénétique, ou insensé. Il rejette sur le luxe la dépravation du siécle. Il quitte ici la morale pour parler politique. On s'apperçoit d'abord que cet Auteur n'y entend rien. Auparavant il indisposoit ; à présent il ennuie. Il s'en prend à ceux qui osent avancer que le luxe est nécessaire dans un Etat.

» Le luxe, dit-il, est la gangrene de tout corps politique. Que l'on vante tant qu'on voudra nos manufactures, nos ouvrages de goût & d'agrément, & toutes les superfluités par lesquelles notre Nation se distingue sur les autres; je soutiens que toutes ces choses sont plus nuisibles qu'avantageuses au Royaume. » J'aime bien ce *je soutiens*. Ne voilà-t-il pas un beau garant du désordre que cause le luxe? L'Auteur Babylonien décide d'emblée une question qui fait depuis longtems le sujet d'un grand débat entre les plus habiles politiques de l'Europe. Les raisons pour & contre ont souvent été alleguées; mais la question jusqu'ici est toujours demeurée indecise.

Pour raisonner conséquemment sur cette matiere, il faut connoître les constitutions des differens Gouvernemens ainsi que leurs principes. Il est certain que dans la plûpart des Républiques le luxe ne convient point; mais dans les Monarchies qui ont pour baſe le commerce & l'induſtrie, il y eſt abſolument néceſſaire; c'eſt le ſeul moyen qui reſte au Gouvernement pour faire mouvoir les differentes parties de l'Etat civil.

Cependant il faut convenir que, lorſque l'excès s'en mêle il en peut réſulter du déſordre; mais c'eſt encore ici une autre queſtion non moins difficile à réſoudre, ſçavoir, ſi le luxe qui regne aujourd'hui en France eſt à ſa doſe néceſſaire, ou ſi c'eſt un excès;

Pour cela il faut entrer dans une foule de détails, & peser tous les inconvéniens par les avantages, &c. L'Auteur dit pour cause principale du désordre du luxe que nous consommons beaucoup nous-mêmes, & qu'en bonne politique le produit des manufactures devroit être exporté.

Il est certain que l'exportation procure une richesse réelle à l'Etat: mais il faut aussi qu'il consomme lui-même, sans quoi il n'y auroit point de circulation intérieure : or celle-ci est l'ame de la population ; c'est-à-dire de la puissance politique.

Enfin l'Auteur de la nouvelle Babylone arrive insensiblement aux Spectacles; c'est là où il est au large, & où tout son fiel se répand à l'aise. La
„ Comédie , dit-il, est une
„ boëte de Pandore qui nous
„ a inondés de vices ; elle dé-
„ goûte du travail, elle plonge
„ dans la mollesse, elle inspire
„ du goût pour les plaisirs.

Il ajoute que, si le Gouvernement ne s'en mêle & ne défend

fend la Comédie, Paris ne ſera plus qu'un peuple d'hiſtrions & de baladins. Mais on peut lui répondre que, ſi cela eſt, le Gouvernement n'aura pas beſoin de s'en mêler : la Comédie s'en ira d'elmême; car ſi tout le monde ſe fait Auteur, il n'y aura plus de Spectateurs.

Cette matiere eſt trop uſée pour en parler. Les raiſons pour & contre ont été débattues avec tant de chaleur & de force dans differens ouvrages de morale & de politique qu'on ne peut rien ajouter à ce qui a été dit.

Je crois que dans les petites ſociétés les Spectacles, quelqu'utiles qu'ils puiſſent être d'ailleurs, peuvent alterer les mœurs. Mais dans une grande Ville comme Paris, où il y a une foule de gens déſœuvrés, qui cherchent continuellement les moyens de ſatisfaire leurs deſirs, c'en eſt un bon pour les contenir, que de les raſſembler tous les jours trois ou quatre heures dans une ſalle pour écouter des vers ou de la prose, qui ne font plus aucune impression sur leurs sens par l'habitude continuelle où ils sont d'en entendre.

Il faut avouer que la Législation est bien embarrassée dans les grandes sociétés. Si la politique tolère ce que la morale y défend, il en resulte des vices pour l'Etat civil. Si le Gouvernement au contraire se range du côté de la Religion, le désordre souvent devient plus grand. En général, les hommes ont un état qui les engage dans une occupation particuliere. Le tems le plus dangereux pour eux est celui du désœuvrement qui succede au travail. Il est question de leur faire remplir ce vuide, pour m'exprimer ainsi, à moins de frais qu'il est possible pour les passions.

Il faut nécessairement des amusemens dans une grande Capitale ; ils entrent dans l'œconomie des choses qui doivent contenir les mœurs. Les plus innocens sont toujours ceux qui portent le caractere de publicité. Les débauchés, les gens de mauvaiſes mœurs ſont toujours contenus dans les aſſemblées générales.

C'eſt une remarque qu'on a faite de tout tems à Paris, que lorſque les Spectacles ſont fermés, les lieux de proſtitution ſont plus fréquentés : il n'y a point de piéce nouvelle un peu courue, qui ne ſuſpende la débauche & n'arrête une infinité de crimes.

Je ne dis point que le Théâtre entre dans le ſiſtême de nos mœurs ; mais je crois que tout condamnable qu'il est par lui même en général, il y a des cas particuliers où il peut devenir nécessaire & même utile, & Paris est une des exceptions à la regle générale.

» On objectera, continue » notre Auteur, (& ceci re» vient à ce que je viens d'a» vancer,) qu'il faut des Spec» tacles à Paris pour occuper » une infinité de gens désœu» vrés qui dans leur loisir se» roient capables de se porter » aux excès les plus funestes

» Mais il résulteroit de-là, a-
» joute-t-il, que les désœuvrés
» & les gens sans occupation
» sont un Corps redoutable
» que l'Etat a intérêt de mé-
» nager.

Oui sans doute, qu'il a intérêt de le ménager : c'est sur lui principalement que la Législation doit avoir l'œil. Les Loix & les Tribunaux de Justice ne sont faits que pour rétablir l'ordre dans la société, & leur unique soin est de faire rentrer dans le devoir ceux des Sujets qui s'en sont écartés.

Le Citoyen tranquille n'a pas besoin de Magistrats. La Police du Gouvernement politique & civil n'est faite que pour prévenir les abus & en arrêter les conséquences. On ne rédoute point les fainéans, mais on craint la contagion que ce vice peut apporter dans la société.

La mauvaise humeur de notre Auteur lui fait faire main basse sur tout. Il voudroit qu'on fermât les Caffés, & qu'on n'ouvrît les promenades publiques que les jours de Fêtes. Il s'imagine qu'on pourroit regler Paris, comme un pere de famille pourroit regler sa maison.

Cette Capitale, (je crois l'avoir dit,) deviendroit une véritable Babylone telle que cet Auteur veut nous la dépeindre, si on parvenoit à corriger tous les petits abus qui s'y sont introduits. Cette réforme, (je l'ai dit encore,) ouvriroit la porte à une infinité d'autres vices dont nous ne voyons point d'ici ni l'effet ni les conséquences. Est-ce qu'on oubliera éternellement que la société dans laquelle on veut établir un ordre de perfection rigide est composée d'hommes & non point d'Anges ? Il faudroit refondre l'humanité pour la rendre susceptible de cette foule de nouveaux réglemens qu'on voudroit introduire dans le Monde politique & moral.

Je crois bien qu'il y a trop de Caffés à Paris ; & peut être même de promenades publiques ; mais ces lieux qui sont le séjour ordinaire de la médiſance & de l'oiſiveté, tiennent lieu d'autres qui ſeroient plus dangereux encore. Croit-on, parce qu'on fermeroit les Caffés dans cette Capitale, & qu'on n'ouvriroit les promenades publiques que les jours de Fêtes, que tout rentreroit dans l'ordre ? C'eſt mal connoître les hommes, de ſuppoſer qu'un ſimple Réglement de Police puiſſe les changer.

Si l'on fermoit les Caffés, il s'ouvriroit d'autres maiſons tout auſſi dangereuſes ; les mœurs n'y gagneroient rien,

& la ſociété y perdroit la circulation que ces Boutiques, procurent à l'etat œconomique. Faute de Jardins, on ſe promeneroit dans les lieux écartés, & alors le moindre mal qui en réſulteroit ſeroit celui de l'oiſiveté.

Lorſqu'un Auteur critique, du haut de ſa mauvaiſe humeur, a dit : Il conviendroit de faire ceci, de réformer cela, il s'imagine que tout doit prendre une nouvelle tournure dans le Monde, & que la ſociété va être purgée de ſes vices. Il veut faire en un inſtant ce que ſix mille ans de Loix & de Réglemens politiques & civils n'ont pu faire. Quelle vanité ! ou plutôt quelle ignorance !

Il eût paru ſurprenant que l'Auteur de la Capitale des Gaules n'eût point intereſſé le Clergé dans ſa nouvelle Babylone. Il veut que les Prêtres étrangers, les Bénéficiers & les Abbés forment à Paris une partie de la Tour de Babel.

Il n'eſt pas douteux qu'un grand nombre de Bénéficiers & autres Prêtres qui conſomment leurs revenus dans cette Capitale, pourroient également le consommer en Province; mais cette résidence ne forme point de Paris une Babylone : cela cause seulement un désordre dans la distribution du numéraire; parce que l'argent qui devroit rester en Province est transporté à Paris, ce qui fait que le cœur de la France a trop d'especes, tandis que les extrémités n'en ont point. Mais ce n'est point là ce que l'Auteur a eû en vûe; il ne paroît pas même qu'il ait l'idée de cet inconvénient. Il croit que parce qu'on forceroit ces Ecclésiastiques, qu'il regarde comme des especes de perturbateurs du repos public, de vivre ailleurs, ils deviendroient honnêtes gens : c'est, encore une fois, manquer par le principe. Le local ne change point les hommes. Les Babyloniens de Paris seroient des Babyloniens en Province : ainsi la Babylone ne feroit que changer de lieu.

Il falloit bien que les Chevaliers militaires eussent aussi leur place dans la nouvelle Babylone. L'Auteur eût cru que son Ouvrage eût été imparfait, s'il n'avoit déchiré tous les états, toutes les classes, & toutes les conditions. Il souhaiteroit que les Chevaliers de Saint Louis, qu'on rencontre, dit-il, à chaque pas, sortissent de Paris, & que cette liberté qui est accordée au dernier des Citoyens, de faire sa résidence dans le lieu qu'il veut de la France, fût ôtée à ceux qui ont passé les deux ti ers de leur vie à défendre l'Etat. Il voudroit ôter aux vieux Militaires la ſeule conſolation qui leur reſte, c'eſt-à-dire, après avoir ſervi le Prince, de finir leurs jours auprès du Prince.

Il dit pourtant une choſe bonne dans ſa mauvaiſe Brochure, du moins eſt elle vraie; qu'il faudroit bannir de Paris tous ces Barbouilleurs de papier, ces plats Ecrivains. Il eſt certain qu'on auroit la paix & la tranquillité ſans cette engeance qui trouble tout,

& qui porte la diviſion partout. Sa critique tombe auſſi ſur la Valetaille dont Paris abonde. On ne ſçauroit nier qu'il y ait trop de Domeſtiques dans cette Capitale : mais ce n'eſt point ce déſordre qu'il veut nous dépeindre. S'il avoit dit que cette claſſe d'hommes, à charge à l'Etat, parce qu'elle cauſe un vuide dans l'Agriculture, forme une Babylone dans le ſiſtême œconomique, il auroit dit quelque choſe ; au lieu que tout ce qu'il avance dans ſa Brochure ne ressemble à rien & ne dit rien.

Pour rétablir l'ordre de Paris & anéantir la Babylone, il propose des loix somptuaires, mais le remede seroit pire que le mal. Si dans un Royaume comme le nôtre on faisoit de tels réglemens tout seroit perdu. Les fortunes aujourd'hui sont trop inégales en France, Il faut que les modes, le luxe & la dépense rendent au corps général des Citoyens ce qu'un petit nombre de Particuliers lui ont enlevé. Si des loix somptuaires empêchoient que les Millionnaires ne dépensâssent excessivement, il n'y auroit bientôt plus de circulation dans l'Etat, & par conséquent plus de vigueur dans le sistême politique : ce sont les premiers abus qui rendent nécessaires les seconds.

Il est inutile d'avoir recours aux maximes des Grecs & des Romains ; car les Gouvernemens modernes n'ont rien de commun avec les anciens. Ce qui auroit contribué à anéantir la puissance politique de ces premiers teins sert à soutenir celle des derniers : huit à neuf cent mille habitans réduits dans un enclos de quelques lieues, ne peut offrir aux yeux qu'un cahos & un embarras intérieur. Si l'on n'envisage Paris que sous ce dernier point de vûe, il est certain qu'on peut lui donner le nom de Babylone. Tant de peuples divers qui l'habitent, tant de langues étrangeres qui s'y parlent, d'habits differens, de moeurs, d'usages, de coutumes : tant de variétés dans les plaisirs, les goûts, les amusemens : tant d'esprits, de génies diametralement opposés les uns aux autres, &c. présentent à l'imagination l'idée du trouble & de la confusion. Mais lorsqu'on examine les choses de près, on revient bientôt de ce préjugé.

Paris est le séjour de la paix & de la tranquillité pour ceux qui cherissent la vie douce & tranquille. Les philosophes, les sçavans, les hommes de lettres y jouissent d'auxmêmes, & goûtent autant de douceurs que dans la plus profonde retraite. Je ne sçais si c'est le physique, le local, la proximité du Prince, ou cette suite de Réglemens de Police qui se sont succedés depuis tant de siecles, qui en est la cause ; mais il est certain qu'il y a plus d'ordre dans cette Capitale que par-tout ailleurs. Si on examinoit la police de quarante autres Villes du Royaume composées de vingt mille habitans chacune, (ce qui forme la populace de Paris,) on trouveroit qu'il s'y commet plus de crimes dans un jour, qu'il ne s'en commet à Paris dans un mois. Ce n'est point que les hommes de Paris soient meilleurs que ceux de Province; mais sans doute que les Magistrats sont plus attentifs dans cette Capitale, qu'ils ne le sont dans les autres Villes du Royaume, Plus une société est nombreuse, & plus elle devient interessante.

La société générale de Paris se subdivise en une infinité

té de petites ſociétés particulieres qui ont chacune leurs loix, leurs uſages & leurs coutumes ; ce ſont autant de Mondes qui ſont comme indépendans les uns des autres, & qui agiſſent ſéparément, quoique ſubordonnés aux mêmes Loix.

L'état de comparaiſon s'y trouve dans toutes les claſſes.

Si on voit une infinité de gens au-deſſus de ſoi, on en découvre encore plus qui ſont au-deſſous. Quelque pauvre & infortuné que ſoit un Citoyen à Paris, il eſt témoin de la même miſere dans un grand nombre de ſes ſemblables, ce qui eſt une ſorte de conſolation ; car la répartition des maux ſemble diminuer leur poids.

Les Anglois vantent beaucoup la liberté de leur Ville de Londres, mais y en a-t-il une plus grande que celle de Paris ? Car on ne ſçauroit appeller de ce nom ce qui ſeroit contraire aux loix. La liberté alors deviendroit eſclavage. N'offenſez point la Religion, n'attaquez pas le Gouvernement, ne contrevenez point aux ordres de la Police, & vous jouirez dans cette Capitale d'une liberté parfaite.

Chaque humeur, chaque génie trouve à Paris de quoi s'assortir; il n'y a point de caractere qui ne rencontre son semblable. Les ressources y sont immenses pour les gens d'esprit & de talens : ce n'est que là qu'on peut trouver les moyens de se perfectionner dans tous les genres.

Si les riches y ont la faculté

de jouir de l'état de leur fortune, les pauvres sont à même d'augmenter la leur, les moyens d'y parvenir y sont sans nombre.

La Babylone de Paris n'est qu'un nom. Cette Capitale seroit anéantie depuis longtems, si un certain ordre n'y soutenoit toutes les parties de la société générale.

FIN.

www.ingramcontent.com/pod-product-compliance
Lightning Source LLC
LaVergne TN
LVHW020450230826
846091LV00004B/1630

9782016129319